Rosas de Pieria

Poemas antológicos

Colección Poesía

⌐ **1** ⌐

trépanos
editorial

Rosas de Pieria

Poemas antológicos

Sofía Parnok

Traducción, prólogo, notas y edición bilingüe de
Jesús García Gabaldón

trépanos
editorial

Colección Poesía, 1

Título original
РОЗЫ ПИЕРИИ Антологические стихи (1922)

Publicado por Trépanos
info@trepanos.es
www.trepanos.es

© del diseño de cubierta 2025 de JGV.

© de la traducción, prólogo y notas 2025 de Jesús García Gabaldón

© de la edición, el diseño y la maquetación 2025 de Trépanos

ISBN: 979-13-990890-1-1

DEPÓSITO LEGAL: LG D 00885-2025

Impreso en España

PRIMERA EDICIÓN *octubre de 2025*

Índice

Prólogo   *9*

Sobre la presente edición   *19*

Rosas de Pieria. Poemas antológicos   *21*

     Rosas de Pieria   *23*

     Pentesilea. Tríptico   *49*

     La sabia Venus   *57*

Notas   *71*

Prólogo

Sofía Parnok nació el 11 de agosto de 1885 en Taganrog, una pequeña ciudad portuaria situada junto al mar de Azov. Su familia, los Párnoj, era de ascendencia judía sefardí. Su padre, Yakov Solomónovich Párnoj era farmacéutico y su madre, Aleksandra Abrámovna Párnoj (de soltera, Idelson) era médico. En un poema de 1915, Sofía Parnok fantasea con esos orígenes sefardíes, vinculándolos con Madrid:

No conozco a mis antepasados. ¿Quiénes son?
¿Adónde fueron al salir del desierto?
Mi corazón late agitado,
Acaso ese coloquio tenga lugar en Madrid.

La familia tiene tres hijos. Además de Sofía, hay dos gemelos: Valentín y Yelizaveta, nacidos en 1891. Los tres hermanos se dedicarán a la literatura, la traducción y la música (Valentín). Tanto Sofía como su hermano pequeño, Valentín, cambiaron levemente el apellido familiar para escoger su nombre literario. Sofía cambia el acento a la segunda sílaba, para hacer una palabra aguda, y sustituye la «ja» (x, en cirílico). En lugar de Párnoj, Parnok. Por su parte, su hermano, sustituye la «o» por una «a», resultando «Párnaj». Su hermana Yelizaveta adopta como nombre literario el apellido familiar de su marido, lo que dio lugar a Tarajóvskaya. Sofía Parnok (1885-1933) fue poeta, traductora, periodista, crítico literario y autora de libretos de ópera. Valentín Párnaj (1891-1951) fue músico de jazz, poeta, traductor, bailarín y coreógrafo. Yelizaveta Tarajóvskaya (1891-1968) fue poetisa, dramaturga y traductora de literatura infantil.

En 1895 muere la madre. El padre se casa de nuevo en 1900. Sofía estudia en 1903 en el Conservatorio de música de Ginebra y en 1904-1905 en los Cursos Bestúzhev y en el Conservatorio de Moscú. Se convierte a la religión cristiana ortodoxa. Parnok siente una gran pasión por la música, sobre todo por la ópera. De hecho, compuso varios libretos de ópera, como el titulado «Almast» (1918), que sería representada con éxito, con música del compositor armenio Aleksandr Spendarian (rusificado como Spendiarov), en el Teatro Bolshói de Moscú en 1930, así como «La Sirenita» (1923) y «Gyul'nara» (1925), para la compositora Yuliya Veysberg. También comienza a escribir poesía en 1906, ejerce la crítica literaria y realiza traducciones literarias del francés (es la traductora de Baudelaire, Romain Rolland, Proust y Henri Barbusse al ruso) y del alemán. En 1907, se casa con su amigo, el poeta y literato petersburgués Vladímir Volkenstein. Se divorcia de él en mayo de 1909. Mantiene una relación sentimental con Nadezhda Poliakova desde ese año hasta 1914. Muere su padre en 1913. Ese año viaja por Europa con Iraida Albrecht. Trabaja como periodista y colabora en las revistas literarias *Severniye Zapiski* y *Russkaya Molva,* donde publica poemas, traducciones de literatura francesa y alemana, así como artículos de crítica literaria, bajo el seudónimo de Andréi Polianin). Entre mayo de 1914 y junio de 1915 se enamora de Marina Tsvietáieva, con quien pasa el verano de 1915 en casa del poeta y pintor Maksimilian Voloshin. Hace amistad con Adelaida y Yevgueniya Guertsyk. En 1916 publica su primer poemario, *Poesía (Stikhotvorenija).* Tras la ruptura con Tsvietáieva, vive con la actriz Liudmila Erárskaya hasta 1924, año en que conoce a la matemática Liudmila Zuberbiller. Desde diciembre de 1917 a enero de 1922 reside en Sudak, en Crimea. En enero de 1921 es arrestada por el ejército rojo y liberada dos meses más tarde. A su regreso a Moscú, en enero de 1922, es ayudada por Vladímir Maiakovski y publica *Rosas de Pieria (Rozy Pierii),* su segundo libro de poesía. En 1923 aparece su tercer poemario, *La vid (Loza)*. Ese mismo año, escribe en un artículo literario sobre «la cuadriga», en el que reconoce a los cuatro grandes poetas postsimbolistas rusos: Pasternak, Tsvietáieva, Ajmátova y Mandelstam. Se integra en el Círculo lírico de Moscú, junto a Leonid Grossman y Vladislav Jodasévich, entre otros. En 1926, se convierte en socia fundadora de la cooperativa-editorial de escritores *El nudo (Uzel)*, junto con Borís Pasternak, Vladimir Lugovskoi, Nikolái Tíjonov y Dmitri Petrovski, en la que imprime en tiradas cortas dos poemarios: *Música (Muzyka*, 1926) y *A media voz (Vpolgolosa*, 1928). A partir de 1928, desaparecen las editoriales privadas y las cooperativas de escritores y se nacionaliza todo por decreto. Sofía Parnok ya no puede publicar más poesía. A partir de entonces, vive de la traducción y de los libretos de ópera. Quedan inéditos otros dos poemarios, *La Osa Mayor (Bol'shaia Medveditsa*, 1932) y *Un bien innecesario (Nenuzhnoe dobro*, 1932-33). Muere el 26 de agosto de 1933, en Karinskoe, una pequeña población cercana a Moscú, rodeada de sus dos grandes amores de madurez, la matemática Olga Zuberbiller y la física Nina Vedenéieva.

1

Sofía Parnok es una de las principales poetas del modernismo ruso. Fue la primera poeta rusa en declararse abiertamente lesbiana, tanto en su vida como en su obra. Este coraje cívico y literario es patente en la voz íntima que aflora en su poesía, escrita a partir de la experiencia amorosa, y que conecta directamente con la tradición sáfica en el poemario *Rosas de Pieria,* publicado en 1922, que lleva por subtítulo «Poemas antológicos», y que le valió el sobrenombre de «la Safo rusa». El libro pasó prácticamente desapercibido e incomprendido en la Rusia revolucionaria de la época. No obstante, se trata de una obra singular y a contracorriente, por varios motivos. En primer lugar, por su carácter clasicista. «La revolución en poesía es el clasicismo», afirmó el poeta acmeísta Ósip Mandelstam, autor de *Tristia,* que interpreta la tradición clásica en el contexto revolucionario de la época. Sin embargo, Parnok reescribe una parte de la tradición clásica, la poesía de Safo, en clave íntima para afirmar su identidad poética y personal. Por otra parte, en un momento de convulsión social, marcado por la guerra civil y la creación de la Unión Soviética, *Rosas de Pieria* sobresale por su carácter intimista y metapoético, que contrasta con el predominio de la literatura política y comprometida ideológicamente con el nuevo régimen. No es ésta una poesía social ni de vanguardia. Más bien, nos hallamos ante una poesía «maldita» derivada del simbolismo francés y del romanticismo ruso (heredera de Baratinski, Tiútchev y Karolina Pávlova). Es también una poesía en femenino, próxima a la obra de Anna Ajmátova y, sobre todo, de Marina Tsvietáieva.

La poesía de Parnok tiene un carácter confesional, un tono íntimo y reflexivo, como si fuera una conversación con un interlocutor real y femenino y gira en torno al deseo y al amor lésbico, vividos desde una experiencia real y una plena libertad interior. Sus amores son sus musas, que inspiran a la poeta. En este sentido, es una poesía sáfica, heredera y continuadora de la tradición poética de Safo, llamada por Platón «la décima musa», y considerada como hermana por Parnok: «Safo, hermana mía». El descubrimiento de Safo es clave en la vida y en la creación poética de Parnok. Por ese motivo, *Rosas de Pieria* constituye un poemario central en su obra, pues le permite considerarse como descendiente de la escuela de Safo y le reafirma su identidad poética y sexual.

Rosas de Pieria (Rozy Pierii) fue publicado en agosto de 1922 en Moscú por la editorial privada Creación (Tvorchestvo), con una tirada de tres mil ejemplares. Según se indica en la página final, se trataba del tercer libro de poesía de Sofía Parnok. El primero, compuesto por 60 poemas, vio la luz en Petrogrado en 1916 con el título de *Poesías (Stikhotvorenija)*. El segundo, con el título de *Miel centenaria (Med stoletnij)*, se anunció en impresión en la Editorial del Estado (Gosizdat) de Moscú. Sin embargo, no se llegó a imprimir. El cuarto poemario, titulado *La vid (Loza)*, se anuncia en 1922 como en preparación. Finalmente, aparecería en 1923.

 Rosas de Pieria lleva el subtítulo de *Poemas antológicos (Antologicheskie stikhi)*. Consta de 21 poemas distribuidos en tres partes: I Rosas de Pieria, II Pentesilea y III La sabia Venus. En esencia, desde un prisma intertextual, *Rosas de Pieria* es una reescritura creativa o transcreación de la poesía de Safo en clave intimista, erótica y poética. A partir de la traducción al ruso de una antología de la poesía de Alceo y Safo, llevada a cabo por el poeta simbolista Viacheslav Ivánov en 1914, Sofía Parnok escoge a modo de *leitmotiv* algunos versos y estrofas sáficas para rendir homenaje a los orígenes griegos de la lírica arcaica y a Safo como poeta lírica y como poeta del amor lésbico por excelencia. De esa manera, Parnok se inscribe en la tradición sáfica y lírica antigua remontándola hasta la modernidad poética rusa. Para ello, usa como epígrafes cinco fragmentos de Safo, en la primera parte, *Rosas de Pieria*, que da título al poemario: «Te da pereza recoger las rosas de Pieria», «Contó su sueño Safo a Cipria», «Créeme, alguien se acordará de nosotras con el tiempo», «Me pareciste una niña pequeña e inmadura», «Duerme en los pechos de la amiga,/ duerme en los complacientes pechos». A su vez, esos fragmentos de Safo sirven a Parnok como clave secreta para entablar un diálogo íntimo, confesional y poético, con la poeta rusa Marina Tsvietáieva, a quien identifica con Safo, y con quien mantuvo una relación amorosa en Moscú, de octubre de 1914 a julio de 1915.

2

La relación amorosa entre las dos poetas dio lugar, por parte de Tsvietáieva, al ciclo poético titulado inicialmente «Un error», más tarde «Crimen» y finalmente, «La amiga»[1], compuesto por 17 poemas, escritos entre 1915 y 1916, y que solo fue publicado de manera póstuma, aun cuando algunos de sus poemas vieron la luz en el poemario *Verstas,* en 1921 y 1922. Tsvietáieva dedicó a Parnok dos poemas más, escritos en noviembre de 1914 y en diciembre de 1915. También *Carta a la Amazona,* escrita en francés por Tsvietáieva, está dirigida, en parte, a Sofía Parnok.

Sofía Parnok escribió dos poemas dedicados a Tsvietáieva, al comienzo de su relación amorosa, fechados entre el 5 y el 9 de mayo de 1915, respectivamente:

De nuevo miran con cegadores ojos
la Madre de Dios y el Niño Salvador.
Huele a incienso, aceite y cera.
La iglesia se llena de callados llantos.
Se derriten las velas de las dóciles chicas
sobre sus ásperos y rígidos puños.

Aléjame de la muerte,
tú, de bronceadas y frescas manos,
tú, que provocativa pasaste a mi lado.
¿Acaso tu nombre no contiene
el viento de todas las tempestuosas costas?
¡Oh, Marina, tocaya del mar!

---

1 Existe una traducción al castellano de *La amiga (Podruga),* de Marina Tsvietáieva, realizada por Reyes García Burdeus (Pre-Textos, 2023).

SONETO

Seguías atenta el juego de los niños
apartando la sonriente muñeca.
De la cuna al caballo tu exceso
de furia directamente te lanzó.

Pasaron los años y los brotes del poder
no lograron ensombrecer tu alma
con una maligna sombra.
¡Qué poco soy para ella, Bettina Arnim y Marina Mníczek!

Contemplo la ceniza y el fuego de tus rizos,
tus regias y generosas manos,
y ¡no hay colores en mi paleta!

¡Tú, que marchas a tu destino!
¿Dónde sale un sol igual a ti?
¿Dónde están tu Goethe y tu falso Dmitri?

Asimismo, Parnok escribió en 1915 una serie de estrofas sáficas dirigidas a Tsvietáieva, y de estrofas de Alceo, que constituyen la génesis de *Rosas de Pieria*. Los poemas fueron incorporados al primer libro de Parnok, titulado *Poesía,* que vio la luz en 1916, y luego los incluyó en la primera parte de *Rosas de Pieria*.

Para comprender *Rosas de Pieria,* debemos tener en cuenta algunas claves del contexto literario y biográfico de Sofía Parnok y de la relación sentimental y poética con Marina Tsvietáieva. En 1914, Sofía Parnok tenía 29 años. Aunque no había publicado aún ningún libro, era una poeta relativamente conocida en los círculos literarios de Moscú y de San Petersburgo. Su madre había muerto en 1905. A partir de la muerte de su padre en 1913, vivía de lo que escribía, sobre todo de sus traducciones y colaboraciones periodísticas, principalmente en las revistas *Severnyje zapiski* y *Russkja molva*. Vivía libremente su lesbianismo, y no lo ocultaba tampoco en su poesía, aun cuando usaba el seudónimo de Andréi Polianin para firmar sus colaboraciones periodísticas y de crítica literaria. En su poesía, se declaraba continuadora de Safo y amazona descendiente de Pentesilea. Aunque de origen sefardí, era creyente ortodoxa. Acababa de romper con Iraida Albrecht, con quien había viajado a Suiza, Italia e Inglaterra el año anterior. En general, prefería relaciones sentimentales largas, pero no era monógama y mantenía relaciones esporádicas con otras mujeres. Por su parte, Marina Tsvietáieva tenía 22 años en 1914. Su familia pertenecía a la *intelligentsia* moscovita. Su madre había muerto en 1906, y su padre en 1913. Se había casado en 1912 con el poeta y dibujante Serguéi Efrón. Tenía una niña de dos años, Ariadna. Era creyente ortodoxa. Odiaba las clases de piano. Había publicado tres libros de poesía, *Álbum vespertino* (1910), *Linterna mágica* (1912) y *De dos libros* (1913). Estaba preparando un nuevo poemario *Poesías de juventud,* en el que en principio iba a incluir los poemas sueltos dedicados a Sofía Parnok y el ciclo poético *La amiga.* Sin embargo, este libro no llegó a publicarse en vida de Tsvietáieva.

Sofía Parnok y Marina Tsvietáieva se conocieron en un salón literario de Moscú en abril de 1914. Con Sofía Parnok, de quien se enamora a primera vista, como si se tratara de un flechazo amoroso, Marina Tsvietáieva descubre su condición de bisexual. Más adelante, en 1919, se enamorará de la actriz Sonia Halliday, para quien escribió el *Relato de Sonia (Povest' o Sonechke).* Dado que Tsvietáieva estaba casada y tenía una niña de dos años, considerará, más tarde esa relación como «un error» y se siente culpable de ella. En la relación sentimental entre ambas poetas, el intercambio de poemas desempeña un papel fundamental. En realidad, se trata de un diálogo creativo que llevó a la madurez a ambas poetas. *La amiga* puede ser considerado como el ciclo poético que inicia la gran poesía de madurez de Tsvietáieva. Lo mismo sucede con *Rosas de Pieria,* en especial en la primera parte que da título al poemario, escrita en 1915, al igual que *La amiga.* Tsvietáieva, construye el retrato poético de Parnok a partir de impresiones de momentos que suscitan su pasión, identificándola sucesivamente como madre, joven *lady* trágica, heroína Shakesperiana y amazona. Parnok recurre a identificar a Marina Tsvietáieva a partir de su nombre, Marina, que asocia con el mar, y de Safo. Usa la poesía de Safo para declarar su amor profundo y sus celos respecto a Serguéi Efrón, marido de Tsvietáieva, a quien identifica con el poeta griego Alceo, Adonis y Aquiles. La clave íntima se desvela a través del juego entre *drug* ('amigo' que, en ruso, como en español, también tiene el sentido amoroso de 'amado/a) y *podruga* ('amiga'). Siempre que Parnok usa el sustantivo *podruga* ('amiga') se refiere a Tsvietáieva y es usado como una réplica a algún poema del ciclo poético de Tsvietáieva. Por su parte, Parnok se identifica con Pentesilea, la reina amazona que luchó contra Aquiles en la guerra de Troya y que fue vencida por él, pues presiente el final de la relación amorosa con Tsvietáieva y el regreso de ésta a su marido Serguéi, a quien nunca dejó de amar, y a quien siguió hasta el final de su vida. Parnok también se identifica con la sabia Venus, en la parte más erótica e íntima del poemario, que evoca el descubrimiento del amor lésbico y del placer sexual por parte de Tsvietáieva, que la convierte en una mujer que deja atrás su adolescencia. El final de la relación viene determinado por la exigencia por parte de Tsvietáieva de fidelidad a Parnok, quien se sentía atraída por otras mujeres. El detonante de la separación tuvo lugar cuando Tsvietáiva asistió a una velada poética de Mijaíl Kuzmín, y Sofía Parnok, que sufría de migrañas, así como de la enfermedad de Graves, se quedó en casa. A su regreso, Tsvietáieva encontró en la cama a Parnok, con otra mujer, la actriz Liudmila Erárskaya, con la que conviviría cerca de diez años.

En suma, nos encontramos ante uno de los grandes libros de poesía del modernismo ruso y de la poesía sáfica de todos los tiempos, que revive de manera cifrada la excepcional relación amorosa y poética de dos grandes poetas, Marina Tsvietáieva y Sofía Parnok.

Jesús García Gabaldón

Sobre la presente edición

Para la traducción y la edición bilingüe me he basado en la edición original de 1922, digitalizada y accesible en el portal Imwerden. Dicha edición consta de 21 poemas y difiere de la impresa en 1979 en la editorial Ardis de Michigan, realizada por Sofía Poliakova, y que se reimprimió íntegramente en la editorial Inapress de San Petersburgo en 1989, en la que solo aparecen 16 poemas, numerados del 61 al 76. La edición de Poliakova reestructura el poema de manera diferente a la primera edición de 1922: suprime la primera parte, que da título al poemario y en la que faltan cuatro poemas; añade una parte que no existe en 1922 «Sueños de Safo», y que consta de cuatro poemas, y no incluye un poema «Dedicatoria», en la tercera parte, «La sabia Venus».

Título original: *РОЗЫ ПИЕРИИ Антологические стихи*

Rosas de Pieria

Poemas antológicos

Título original: *РОЗЫ ПИЕРИИ*

Rosas de Pieria

Цвет вдохновения! Розы Пиерии!
Сафо, сестра моя! Духов роднит
Через столетия - единоверие.
Пусть собирали мы в разные дни
Наши кошницы, - те же они,
Нас обольстившие розы Пиерии!

1

¡Flor de la inspiración! ¡Rosas de Pieria!
¡Safo, hermana mía! Une a las almas
a través de los siglos la misma fe.
¡Aunque hayamos recogido en distintos días nuestras cestas,
son las mismas rosas de Pieria que nos cautivaron!

2

ЛИРА

Первая лира, поэт, создана первоприхотью бога:
Из колыбели - на луг, и к черепахе - прыжок;
Панцирь прозрачный ее шаловливый срывает младенец,
Гибкие ветви сама ива склоняет к нему;
Вот изогнулись они над щитом полукружием плавным,
Вот уже струны Гермес сладостные натянул;
С первою лирой в руках он тайком пробирается к гроту,
Прячет игрушку, а сам, новой рассеян игрой,
Вихреподобный полет устремляет к Пиерии дальней,
Где в первозданной тени Музы ведут хоровод, -
В сад Пиерийский, куда ты, десятою музою, Сафо,
Через столетья придешь вечные розы срывать.

2

LA LIRA

La primera lira, poeta, fue creada por el capricho de un dios:
desde la cuna al prado y a la tortuga, solo había un salto.
Un niño travieso rompió su diáfano caparazón
y el sauce inclinó hacia él sus dúctiles ramas.
Se plegaron sobre la coraza acuática en semicírculo
y Hermes tensó las dulces cuerdas.
Con la primera lira en las manos acudió en secreto a
una cueva,
escondió el juguete y, distraído por el nuevo juego,
voló, como un torbellino, hacia la lejana Pieria,
donde, en la arcana sombra, las Musas bailan en corro
en el jardín de Pieria, donde tú, Safo, la décima musa,
llegas a través de los siglos a cortar las eternas rosas de Pieria.

Розы Пиерии лень тебе собирать!
Сафо

Срок настал. Что несешь
Грозным богам,
Жнец нерадивый?

Выдаст колос пустой,
Как же ты был
Беден слезами.

Розы скажут, - для нас
Он пожалел
Капельку крови.

Боги, только вздохнут,
Вот уже - прах
Вся твоя жатва.

¡Te da pereza recoger las rosas de Pieria!
Safo

Llegó la hora. ¿Qué aportas
a los terribles dioses,
desidioso segador?

Les ofrendas espigas vacías,
pues eres
parco en lágrimas.

Las rosas dicen: Por nosotras
él derramó
una gota de sangre.

Los dioses tan solo suspiran,
Y ya es ceniza
toda tu cosecha.

4

Эолийской лиры лишь песнь заслышу,
Загораюсь я, не иду – танцую,
Переимчив голос, рука проворна, -
Музыка в жилах.

Не перо пытаю, я струны строю,
Вдохновенного занята заботой:
Отпустить на волю, из сердца вылить
Струнные звоны.

Не забыла, видно, я в этой жизни
Незабвенных нег незабвенных песен,
Что певали древле мои подруги
В школе Сафо.

4

De la lira de Eolo solo el canto oigo,
me bronceo, no ando, danzo,
la voz imitada, la diestra mano,
la música en las venas.

No tomo la pluma, toco las cuerdas,
por un instante inquieta:
por dejarme ir, sacar del corazón
los sonidos de las cuerdas.

Es obvio que, en esta vida, no he olvidado
los inolvidables placeres, los inolvidables cantos
que entonaron antaño mis amigas
de la escuela de Safo.

Всю меня обвил воспоминаний хмель,
Говорю, от счастия слабея:
"Лесбос! Песнопенья колыбель
На последней пристани Орфея!"

Дивной жадностью душа была жадна,
Музам не давали мы досуга.
В том краю была я не одна,
О, великолепная подруга!

Под рукой моей, окрепшей не вполне,
Ты прощала лиры звук неполный,
Ты, чье имя томное во мне,
Как луна, притягивает волны.

Me embargó un delirio de recuerdos.
Débil de dicha, dije:
«¡Lesbos, cuna del canto
en el último refugio de Orfeo!»

Mi corazón estaba ávido de una maravillosa sed.
No dábamos descanso a las musas.
En aquel confín yo no estaba sola,
¡oh, magnífica amiga!

Bajo mi aún frágil mano,
tú perdonabas el sonido aún no pleno de la lira.
Tú, cuyo lánguido nombre, en mí,
como la luna, atrae las olas.

6

СНЫ САФО

Рассказала свой сон Сафо Киприде...

Сафо

I

Снилось мне, - взываю к подругам милым:
"Долго ль бегать мне? Баловницы, где вы?"
И напрасным криком бужу я только
Сонное эхо.

А в златых сандальях заря восходит,
Но не наше там розовеет море,
И земля другая в росе дымится, -
Где же ты, Сафо?

В благовоньи трав незнакомый привкус
Горькой сладости. На лугах родимых
Ни анис, ни роза, ни медуница
Так не дышали.

Я ступаю тяжко, как будто стопа
Мягкоструйная - не по мне, и лира,
Лира - щит мой верный - томит мне руку
Тяжестью новой...

И к ручью склоняюсь - о, злое чудо!-
В ясном зеркале отраженным ликом
И разгневана и любуюсь, плача, -
Кто же там, Сафо?

6

LOS SUEÑOS DE SAFO

Contó su sueño Safo a Cipria.

Safo

I

Soñé que inquiría a mi querida amiga:
«¿Correré mucho tiempo? Niñas mimadas, ¿dónde estáis?»
Y con un vano grito se desvaneció
el eco del sueño.

El alba surgía con sandalias de oro,
pero nuestro mar no parecía allí rosáceo
y otra tierra humeaba en el rocío.
¿Dónde estás, Safo?

La hierba húmeda tenía un ignoto sabor
de amarga dulzura. En los amados prados
no olía a anís,
rosa o pulmonaria.

Caminaba pesada, como si la leve estola
no me sentara bien, y la lira,
la lira, mi fiel escudo, con nueva gravedad
me estrechara la mano.

Me incliné ante un manantial. ¡Oh, pérfida maravilla!
Llena de cólera, envuelta en lágrimas,
en el luminoso espejo se reflejaba mi rostro.
¿Quién estaba allí, Safo?

СНЫ САФО

Вспомнит со временем кто-нибудь, верь, и нас.
Сафо

“Вспомнит со временем кто-нибудь, верь, и нас...”
Вымолвила, - и на перси к подруге сникла;
Сон ли объял меня странный, но вот вокруг
Все оживилось: над ложем моим, над лирой
Стрекот, жужжанье, как будто пчелиный рой
В струнах запутался, или трещат цикады.
“Сафо!” я слышу - на все голоса мое
Суетно перепевается имя - “Сафо!..”
Вижу: снуют озабоченно, взад-вперед,
С лиры - на ложе и с ложа - на лиру, мыши.
Что им до Сафо?.. И вдруг озарилось все
(Те и не видели!) - Ты предо мной, Киприда!
Твой улыбается мне несказанный лик.
Голос божественный: “Вот она слава, Сафо:
Спорят, кому твои вечные - хмель богов! -
Песни любовные - юношам или девам?”

LOS SUEÑOS DE SAFO

Créeme, alguien se acordará de nosotras con el tiempo.

Safo

«Créeme, alguien se acordará de nosotras con el tiempo…»
Pronuncié, apoyándome en el pecho de mi amiga.
¿Acaso me cautivó un sueño extraño y de pronto
todo se reavivó? Sobre mi lecho, sobre la lira, se oía
un susurro, un rumor como de un enjambre de abejas.
«Safo», oí. A plena voz invocaban
mi nombre en vano: «Safo».
Vi: merodeaban inquietos, hacia adelante y hacia atrás,
de la lira al lecho, del lecho a la lira, los ratones.
¿Qué les interesaba Safo a ellos? Y de pronto todo se iluminó
(no lo vieron). Tú estabas ante mí, Cipria.
Tu rostro me sonreía sin palabras.
Una voz divina me decía: «Aquí está la gloria, Safo».
Discutían, Safo, sobre a quién se dirigen tus eternos
                                        cantos de amor,
ebriedad de los dioses: ¿a los chicos o a las chicas?

И в прямь прекрасен юноша стройный, ты:
Два синих солнца под бахромой ресниц,
И кудры темноструйным вихрем,
Лавра славней, нежный лик венчают.

Адонис сам предшественник юный мой!
Ты начал кубок, ныне врученный мне, -
К устам любимой приникай,
Мыслью себя весело печальной:

Не ты, о, юный, расколдовал ее.
Дивясь на пламень этих любовныых уст,
О, первый, не твое ревниво, -
Имя мое помянет любовник.

Eres en verdad bello, esbelto joven:
Dos soles azules bajo las frondosas cejas
y rizos como un vertiginoso torbellino.
Laureles de gloria ciñen tu tierno rostro.

Adonis es mi joven antecesor.
Tú comenzaste la copa ahora entregada a mí,
al inclinarme a los labios de mi amada
me invade una alegre tristeza:

No fuiste tú, joven, quien rompió su hechizo:
maravillada con la llama de esos amorosos labios,
mi amante no recordará celosa
tu nombre primero, sino el mío.

Слишком туго были зажаты губы,
- Проскльзнуть откуда могло-бы слово? –
Но меня позвал голос твой. -я слышу-
Именем нежным.

А когда, так близки и снова чужды,
Возвращаясь мы, над Москвой полночной
С побережий дальних промчался ветер, -
Морем подуло...

Ветер, ветер с моря, один мой мститель
Прилетит опять, чтобы ты, тоскуя,
Вспомнил час, когда я твое губами
Слушала сердце.

9

Tan prietos estaban los labios
que no había por dónde penetrara el aire.
Me llamó tu voz —la oí—
con un tierno nombre.

Y cuando, tan íntimas y de nuevo distantes,
regresamos de madrugada a Moscú,
desde los muelles llegaba el aire
con olor a mar…

El viento, el viento marino, mi único vengador,
llega volando de nuevo para hacerme añorar
la hora en que por los labios
escuché tu corazón.

Девочкой маленькой ты мне предстала неловкою.

Сафо

"Девочкой маленькой ты мне предстала неловкою" –
Ах, одностишья стрелой Сафо пронзила меня!
Ночью задумалась я над курчавой головкою,
Нежностью матери страсть в бешеном сердце сменя, –
"Девочкой маленькой ты мне предстала неловкою".

Вспомнилось, как поцелуй отстранила уловкою,
Вспомнилось эти глаза с невероятным зрачком...
В дом мой вступила ты, счастлива мной, как обновкою:
Поясом, пригоршней бус или цветным башмачком, -
"Девочкой маленькой ты мне предстала неловкою".

Но под ударом любви ты – что золото ковкое!
Я наклонилась к лицу, бледному в страстной тени,
Где словно смерть провела снеговою пуховкою...
Благодарю и за то, сладстная, что в те дни
"Девочкой маленькой ты мне предстала неловкою".

Me pareciste una niña pequeña e inmadura...

Safo

«Me pareciste una niña pequeña e inmadura...»
Ah, Safo me ha herido con la flecha de un verso.
De noche pensé en los cabellos rizados
al trocar en mi pobre corazón
la pasión por la ternura materna.
«Me pareciste una niña pequeña e inmadura...»

Recordé cómo lanzaste al aire un beso,
recordé esos ojos de increíbles pupilas...
Entraste en mi casa, feliz de mí, como algo nuevo:
un cinturón, un collar de perlas, o unas coloridas chinelas.
«Me pareciste una niña pequeña e inmadura...»

Bajo el golpe del amor eres maleable como el oro.
Me incliné hacia tu rostro, pálido en la apasionada sombra,
donde la muerte parecía pasar una nevada borla.
Te doy las gracias también porque tú, dulce, en aquellos días
«Me pareciste una niña pequeña e inmadura...»

На персях подруги усни.
На персях усни сладострастных..
Сафо

Ты дремлешь, подруга моя,
- Дитя на груди материнской! -
Как сладко: тебе - засыпать,
А мне пробудиться не мочь,

Затем, что не сон ли, скажи,
И это блаженное ложе,
И сумрак певучий, и ты,
И ты в моих тихих руках?

О, ласковые завитки
На влажном виске!.. О, фиалки!
Такие, бывало, цвели
У нас на родимых лугах.

Венки мы свивали с тобой,
А там, где венки, там и песни,
Где песни - там неги... Ты спишь,
Последний мой, сладостный сон?..

Плыви надо мною, плыви,
Мое Эолийскос небо,
Пылай, мой последний закат,
Доигрывай, древний мой хмель!

Duerme en los pechos de la amiga
duerme en los complacientes pechos.

Safo

Te duermes, amiga mía,
—niña en el seno materno—
qué dulce es dormirse para ti,
pero yo no puedo despertarme.

Dime, ¿no es acaso un sueño
este bendito lecho,
y el canoro ocaso, y tú,
tú, entre mis quietas manos?

¡Oh, suaves rizos
en la húmeda sien! ¡Oh, violetas!
Así florecían
en nuestra casa, en los queridos prados.

Tú y yo trenzábamos coronas
y allí donde están las coronas, están también los cantos,
y donde los cantos, el placer… ¿Acaso duermes
mi último sueño dulce?

Muévete sobre mí, muévete,
mi cielo de Eolo.
Arde, mi último crepúsculo.
Acaba de jugar, antigua ebriedad mía.

Так на других берегах, у другого певучего моря,
Тысячелетья спустя, юной такой же весной,
Древнее детство свое эолийское припоминая,
Дева в задумчивый день перебирала струну.

Ветром из-за моря к ней доструилось дыханье Эллады,
Ветер, неявный другим, сердце ее шевелит:
Чудится деве - она домечтает мечты твои, Сафо,
Недозвучавшие к нам песни твои допоет.

Así, en otras orillas, en otro canoro mar,
milenios después, en la misma temprana primavera,
al recordar la antigua infancia de Eolo,
una doncella tocaba absorta una cuerda.

Como viento marino llegó hasta ella el aliento de Hélade,
el viento, oscuro para los demás, estremeció su corazón.
Maravillada, la doncella soñaba tus sueños
y entonaba tus cantos, Safo, sin que nosotras los oyéramos.

Título original: *ПЕНФЕСИЛЕЯ Триптих*

Pentesilea

Tríptico

13

ВЫЗОВ

Сердце на лад сладострастный не строю,
Томную лиру разбила в щепья, -
Время мне петь роковую Трою,
Битвы смертельной великолепье.

Был и пребудешь навек иноверцем
(Бог твой мужской злых Эриний злее!),
И суждено с обагренным сердцем
Падать в сраженья Пенфесилее.

Друг перед другом мы снова предстали.
Тупо копье твое? Меч не звонок?
Иль не почетна на бранной стали
Неукротимая кровь амазонок?

LA LLAMADA

No apoyaré mi corazón en las apasionadas cuerdas,
hice añicos la lánguida lira.
Es hora de que cante la fatal Troya,
el esplendor de la fatídica guerra.

Fuiste y serás siempre hereje,
(tu Dios es más cruel que las crueles Erinias)
y tu destino será caer con el corazón sangriento
en el combate de Pentesilea.

De nuevo estamos frente a frente.
¿Está afilada tu lanza? ¿Es sigilosa tu espada?
¿O acaso no es honorable para el acero bélico
la indómita sangre de las amazonas?

14

ПОЕДИНОК

На вызов дерзкий единый ответ - копье!
Метнул, но первый не рассчитал удар:
Отпрянуло от звонкой меди,
Не проломив боевых доспехов.

Сверкнуло снова. Ветер пресек полет, -
Летит и снова не долетела смерть...
В герое неуспех нежданный
Лишь горячит вековую ярость.

И в третий раз безумный метнул копье.
От сердца дева тихо отводит щит, -
Он видит: острие лихое
В латы вошло роковой занозой.

14

EL DUELO

A la insolente llamada, una única respuesta: ¡la lanza!
Arrojó la primera sin calcular bien el golpe
y rebotó en el sonoro cobre
sin perforar la armadura.

Brilla de nuevo. El viento corta su vuelo.
De nuevo la muerte vuela en vano.
El inesperado fracaso aviva
la secular ira del héroe.

Airado, lanzó la lanza por tercera vez.
La joven guerrera aparta en silencio el escudo del corazón
y él ve: la afilada punta
se clava en la armadura como espina fatal.

15

ВОЗВРАЩЕНИЕ

Не копьем смертельным, - нетленной розой
Я вооруженная вышла в битву.
Древле по-иному моя праматерь
Шла на Ахилла.

Тот же он в убийственном ратоборстве, -
Ненавистлив сердцем, а я тоскую:
Ненависти древней до этой жизни
Не донесла я...

Тихо возвращается с поля брани
И клянет воительниц злую долю,
Руки прижимает к груди, - и плачет
Пенфесилея.

EL REGRESO

Armada, no con una mortal lanza,
sino con una imperecedera rosa fui al combate.
En tiempos antiguos, mi antepasada de otro modo
se lanzó contra Aquiles.

Él es el mismo en la lucha a muerte,
tiene el corazón lleno de ira, y yo me angustio:
no supe traer el atávico odio
hasta esta vida…

En silencio regresa del campo de batalla,
maldice el cruel destino de las guerreras,
aprieta las manos contra el pecho y llora
Pentesilea.

Título original: *МУДРАЯ ВЕНЕРА*

La sabia Venus

ПОСВЯЩЕНИЕ

Если узнаешь, что ты другом упрямым отринут,
Если узнаешь, что ты лук Эроса не был тугим,
Что нецелованный рот не твоим лобзаньем раздвинут,
И, несговорчив с тобой, алый уступив с другим,

Если в пустыню сады преобразила утрата, -
Пальцем рассеянным все-ж лирные струны задень:
В горести вспомни, поэт, ты слова латинского брата:
"Все-же промчится скорей песней обманутый день".

16

DEDICATORIA

Si descubres que tu terca amiga te repudia,
que el arco de Eros no está tenso,
que sus labios no besan los tuyos,
y que, tras reñir contigo, se entrega a otra,

si la pérdida convierte el vergel en páramo,
toca con descuidados dedos las cuerdas de la lira:
recuerda, poeta, en tu dolor,
las palabras de tu hermano latino:
«Con un canto pronto pasará engañado el día».

Гибели не призывай: нелюбезна богам безнадежность.
Юноша мой! Встрепенись. Мудрой Венере внемли. -
Друга милее иным несговорчивым девам - подруга.
Женской рукой отопрешь то, что закрыто тебе.

Поясом тесным стяни - гордость мужа - могучие чресла,
Змеиным запястьем завей выпуклость славную мышц.
Долго б Ахилл пребывал между дев Ионийских не узнан,
Если б при виде копья в нем не проснулся герой.

Да не зажжется твой взор при знакомом воинственном
кличе, -
Только приметой одной выдать себя не страшись:
Перед суровой твоей не утаивай томного вздоха, -
Не на мужские сердца стрелы ей точит Эрот.

No invoques la muerte: la desesperanza no agrada a
                                    los dioses.
¡Despierta, joven mía! Escucha a la sabia Venus.
Para algunas empecinadas doncellas, una amiga es más
                                    querida que un amigo,
con mano de mujer abres lo que te está vedado.

Con un ceñido cinturón ata el orgullo del hombre,
                                    sus poderosos muslos,
y con un brazalete de sierpe retuerce el glorioso
                                    músculo convexo.
Largo tiempo habría vivido Aquiles entre las doncellas
                                    de Jonia
sin ser reconocido, si al ver la lanza no hubiera despertado
                                    el héroe que hay en él.

Que tu mirada no arda ante el conocido grito de guerra,
no temas delatarte con un gesto,
ante tu severidad, no ocultes un lánguido suspiro.
Eros no apunta sus flechas al corazón de los hombres.

Не всегда под ветром пылает ярче,
О, мой друг, подчас потухает факел.
Не всегда волна кораблям попутней
Тихого моря.

Ты торопишь негу, нетерпеливей,
Укоряешь деву в ленивой страсти, -
Иль забыл, что многим милее молний
Медленный пламень?

Не того дарит дивной песней лира,
Чья рука безумно цепляет струны, -
Много правил есть (вот одно - запомни!)
В нежной науке:

С плавных плеч сползая лобзаньем длинным,
Не спеши туда, где в дремотной лени
Две голубки белых, два милых чуда
Сладостно дышат.

No siempre la antorcha arde más fuerte con viento.
A veces, querida, se apaga.
No siempre las olas acompañan a los barcos
en la mar serena.

Te apresuras, impaciente, al placer,
y reprochas a la doncella su apática pasión,
¿acaso has olvidado que muchas prefieren
la llama lenta al relámpago?

No es eso lo que regala la lira con su maravilloso canto,
cuya mano toca las cuerdas con locura.
Hay muchas reglas (¡recuerda esta!)
en la ciencia de la ternura:

Al deslizarte con un largo beso por los suaves hombros,
no te apresures hacia donde, en soñolienta desidia,
dos blancas palomas, dos encantadoras maravillas,
dulcemente respiran.

"Где его стрелы, - спроси у стрелка своего, о богиня!
Пуст Купидонов колчан: все они в сердце моем!
Он не сберег ни одной для надменной моей Гермионы, -
Тщетно у милых колен слезы любовные лью.

Хищников лютых Орфей укрощает своим песнопеньем, -
Женское сердце, клянусь, сердца звериного злей:
Тщетно кифара моя ей поет самым сладостным звуком...
Непобедимую как мне победить? Научи..."

- Вспомни: дождем золотым Громовержец сошел на
                                          Данаю...
Все я сказала тебе. Если понятлив, поймешь.

19

«¿Dónde están sus flechas?» Pregúntaselo, oh diosa,
                                    a tu arquero.
El carcaj de Cupido está vacío: todas están en mi corazón.
No guardó ninguna para mi altiva Hermíone.
En vano caen mis lágrimas a los pies de la amada.

Orfeo amansa las feroces fieras con su canto.
El corazón de una mujer, lo juro, es más pérfido que el de
                                    una fiera:
en vano mi cítara le canta con el sonido más dulce…
¿Cómo puedo vencer a alguien invencible? «Enséñame»…

— Recuerda: con una lluvia de oro el Dios del Trueno
                                    se acercó a Dánae…
Con eso te lo he dicho todo. Si eres lista, lo entenderás.

Зеркало держит Эрот перед ней, и в стекле его хрупком
Вечное золото кос, вечное небо очей.
А на ковре, у колен, у разымчивых этих и сильных,
В руки лицо уронив, скорбная дева сидит.
"Горе мне! Горе мне! Где, где ночей моих гордая
                                           хладность?"
- Что с ней? - подруги вокруг шепчут, лукаво смеясь. -
"Только и было, что раз - это под вечер было, у храма -
Мимо идя, на меня ветреник этот взглянул.
Только и было всего... Да еще в состязании лирном...
Слышу, - подруги ко мне: "Твой, Мнаседика, черед".
Вышла, и к струнам едва я певучей рукой прикоснулась,
Как раскалились они: он в этот миг подходил.
Глаз не спуская с меня, затемняемых мраком желанья,
Розу поднес он зачем смуглую к самым губам?
Как я запела? О чем? О, соперница - роза! О, губы!
Сафо нахмурила бровь. Что мне до гнева ее!
О, как, должно быть, жесток этот рот и горячий и
                                           влажный...
Разум во мне помути! Дай мне его позабыть!
Жжет меня ложе в ночи. Лишь глаза я закрою, я вижу
Губы и розу, и вновь розу и губы его...
Что же мне делать, скажи, чтобы их, неотвязных, не
                                           видеть?"
- Мудрая словом одним ей отвечает: "Целуй".

Eros sujeta un espejo ante ella. En su cristal,
el eterno oro de sus cabellos y el eterno cielo de sus ojos.
Sobre la alfombra, junto a sus fuertes y cautivadoras rodillas,
se sienta, con las manos en el rostro, una afligida doncella.
¡Pobre de mí! ¡Pobre de mí! ¿Dónde, dónde está la orgullosa
                                  frialdad de mis noches?
«¿Qué le sucede?» —susurran sus amigas con maliciosas
                                        sonrisitas.
Ocurrió una vez, al atardecer, junto al templo:
al pasar por delante, ese seductor me miró.
Eso fue todo… Además, en un concurso de lira…
mis amigas me dijeron: «Te toca, Mnasidica».
Salí y apenas mi melodiosa mano tocó las cuerdas,
estas se encendieron: en ese instante, él se acercó,
sin apartar de mí la mirada, oscurecida por la sombra
                                     del deseo,
¿por qué acercó él la oscura rosa a sus labios?
¿Cómo canté? ¿Sobre qué? ¡Oh, rival, rosa! ¡Oh, labios!
Safo frunció el ceño. ¡Qué me importa la ira de ella!
¡Qué cruel debe ser esa boca ardiente y húmeda…!
¡Desvarío! ¡Déjame olvidarle!
El lecho me quema de noche. Apenas cierro los ojos, veo
sus labios y la rosa, y de nuevo la rosa y sus labios…
¿Qué debo hacer, dime, para no verlos una y otra vez?
La mujer sabia le responde con una sola palabra: «Bésalos».

"Аттида, стебель нежный из дальних Сард,
С проворной Геро вместе не ходят в храм, -
Презрев обычай твой, богиня,
Дразнят мужей красотой напрасной.

Гостит в приюте их беззаконных нег
Стрелок, забывший службу стрелка и честь.
Богиня, отзови Эрота!
Долго ль терпеть? Накажи отступниц".

- Караю карой страшной: припав к краям
Бездонной чаши, до смерти будут пить,
Крича от жажды. Утоленья
Не было, нет им и век не будет!

«Attida, delicado tallo de la lejana Sardes,
y la ágil Hera no acuden al templo,
desdeñan tu culto, diosa,
y provocan a los maridos con su vana belleza.

En su casa cobija para sus ilegales placeres,
a un arquero que olvidó deber y honor.
¡Diosa, llama a Eros!
¿Cuánto tiempo hemos de aguantarlo? ¡Castiga a esas
                                    renegadas!»

— Terrible será mi castigo: postradas
en los bordes de una copa sin fondo, beberán hasta morir,
gritando de sed. No pudieron ni podrán
saciarse jamás.

Notas

1. «¡Flor de la inspiración! ¡Rosas de Pieria!» Variación de Parnok sobre
    un verso de Safo.

    Pieria: Región de la antigua Macedonia, cerca del monte Olimpo.

    Según un mito antiguo, allí vivían las nueve Musas.

    Rosas de Pieria: esta expresión se refiere al don de la poesía.

2. La lira: Parnok reconstruye aquí el mito del origen de la lírica, a partir de
    la invención de la lira por parte del dios Hermes, usando para ello un
    caparazón de tortuga.

    Las musas: En la mitología griega, las musas son diosas de las artes
    y proclamadoras de héroes. Eran nueve: Calíope, Clío, Erató, Euterpe,
    Melpómene, Polimnia, Talia, Terpsícore y Urania. Todas eran hijas de Zeus
    y de Mnemosine e inspiraban a los poetas y rapsodas con el hechizo de
    su canto.

    Safo: la décima musa, según Platón. Nacida en Mitilene, capital de la
    isla de Lesbos, fue una poeta griega de los siglos VII-VI a.C., cuyos
    poemas describían su amor apasionado hacia sus compañeras, dando
    lugar al término poesía sáfica.

4. Eolo: En la mitología griega, es el dios los vientos y el rey de
    las islas Eolias. Parnok funde en este poema el mito de Eolo y el de Orfeo.

5. Lesbos: Isla griega situada en el mar Egeo, cercana a la actual Turquía. Su
    capital es Mitilene. En esta isla nació Safo, y por extensión, dio origen al
    término moderno lesbianismo, que hace referencia a la homosexualidad
    femenina.

    Orfeo: En la mitología griega, Orfeo es hijo del dios Apolo y de la musa
    Calíope. Según el mito, cuando Orfeo tocaba su lira, las fieras se aman-
    saban y los hombres se reunían para oírlo. De esa manera enamoró a la bella
    Eurídice y logró dormir al terrible Cerbero cuando bajó al inframundo para
    intentar resucitarla.

6-7. Cipria: Sobrenombre de Afrodita, sobre todo se usa en poesía. Significa «nacida en Chipre». Según el mito griego, Afrodita, diosa del amor, nació de la espuma del mar cerca de la isla de Cifera y el viento la llevó a la isla de Chipre.

8. «Eres, en verdad, bello, esbelto joven»: Aquí Parnok describe a Serguéi Efrón, marido de Tsvietáieva, como si fuera Adonis. Según la mitología griega, Adonis era un amante de Afrodita eternamente joven que simbolizaba la muerte y la renovación anual de la vegetación. Se cree que el culto a Adonis se desarrolló en el círculo de jóvenes mujeres alrededor de Safo en Lesbos hacia el 600 a.C. Parnok recrea una estrofa de Alceo.

10. «Me pareciste una niña pequeña e inmadura...»: Verso de Safo. Parnok lo usa para crear un retrato psicológico de Tsvietáieva en la época en que se conocieron.

12. Hélade: Nombre que los antiguos griegos utilizaban para referirse a su tierra y su cultura. Inicialmente, el término «Hélade» se refería a una región específica de la Grecia continental, en Tseala, donde se asentó el pueblo de los helenos. Con el tiempo, el término se expandió para englobar a todos los territorios habitados por griegos, incluyendo las islas del mar Egeo y las costas de Asia Menor.

13-15. Troya: Ciudad de la antigua Grecia ubicada en Asia Menor, famosa por la Guerra de Troya, narrada en la *Ilíada* de Homero.
Erinias: En la mitología griega, diosas cuya misión esencial es la venganza del crimen y especialmente las faltas contra la familia. En la mitología romana se las conoce como las furias.
Pentesilea: En la mitología griega, Pentesilea es la reina amazona y guerrera, hija de Ares y Otrera. Su nombre significa «la que hace llorar y sufrir a los hombres». Según la tradición griega, participó en la Guerra de Troya, dirigiendo a sus guerreras. Perdió la vida en combate contra Aquiles, quien se enamoró de ella tras su muerte.

16-21. Venus: En la mitología romana, diosa del amor, la fertilidad y la belleza. La expresión «sabia Venus» destaca su sabiduría y su conocimiento, en lugar de solo su belleza y amor.

Eros: En la mitología griega, dios del amor que simboliza el deseo sensual y la atracción sexual. Su equivalente en la mitología romana es Cupido, a quien se le representa como un niño alado con arco y flechas, y se le atribuye la capacidad de provocar el amor en las personasal herirlas con sus flechas.

«Con un canto pronto pasará el día engañado». Cita de Ovidio.

Aquiles: Héroe de la Guerra de Troya, protagonista de la *Iliada* de Homero. Su nombre, de origen griego, significa «aquel que no tiene labios». También se interpreta como «el que causa dolor», ya que, aunque era un gran guerrero, su temperamento y sus acciones a menudo causaban dolor y sufrimiento.

Jonia: Región de la antigua Grecia de la costa centro-occidental de Anatolia, llamada actualmente Grecia asiática.

Hermíone: En la mitología griega, era hija de Helena, de quien heredó su belleza.

Dios del Trueno: uno de los epítetos de Zeus.

Dánae: En la mitología griega, princesa hija de Acrisio, rey de Argos, y de Eurídice, hija de Lacedemón. Dánae, muchacha de bellos tobillos, es recordada por ser la madre de Perseo con Zeus mediante una «lluvia de oro».

Mnasidica: Compañera de Safo.

Attida: Compañera de Safo.

Sardes: Capital del reino de Lidia, en Asia Menor.

Hera: Hermana y esposa de Zeus. En la mitología griega es la diosa tutelar del matrimonio y la protectora de las mujeres en su papel de esposas.